Michael Groißmeier wähnt das wirkliche Leben im Traum, in dem Unwirkliches wahr wird: Die Kindheit kehrt zurück, dem Kind gelingt es, wie ein Vogel zu fliegen, der tote Vater kommt zu Besuch, um mit dem Sohn Nüsse zu knacken, das Flügelrecken des Todesengels erweist sich als neckisches Spiel.

MICHAEL GROISSMEIER, geboren 1935 in München, Lyriker, lebt in Dachau. Für sein literarisches Werk, das mehr als vierzig Bücher umfaßt, wurde er u. a. mit einem Ehrengastaufenthalt in der Deutschen Akademie Villa Massimo in Rom und dem Verdienstkreuz am Bande des Verdienstordens der Bundesrepublik Deutschland ausgezeichnet.
Im Allitera Verlag erschienen bereits *Der Zögling* (Autobiographie), *Im Leuchtkäferlicht* (Haiku), *Suche nach Avalun* (Gedichte) und *Garten meiner Kindheit* (Gedichte), in der LYRIKEDITION 2000 folgende Gedichtbände: *Mein irdisches Eden*, *Charons Blick* und *Warum genügt uns nicht die Erde?*.

Michael Groißmeier

Die Wirklichkeit des Traums

Gedichte

Weitere Informationen über den Verlag und sein Programm unter:
www.allitera.de

Bibliographische Information der Deutschen Bibliothek

Die Deutsche Bibliothek verzeichnet diese Publikation
in der Deutschen Nationalbibliographie;
detaillierte bibliographische Daten sind im Internet
über <http://dnb.d-nb.de> abrufbar.

Februar 2008
Allitera Verlag
Ein Verlag der Buch&media GmbH, München
© 2008 Buch&media GmbH, München
Umschlaggestaltung: Kay Fretwurst, Freienbrink
unter Verwendung eines Bildes
von Juan Brull y Viñolas (1863–1912) Träumerei, 1898
Herstellung: Books on Demand GmbH, Norderstedt
Printed in Germany · ISBN 978-3-86520-296-3

Für Margit und Andrea

Vom Walnußbaum ich träume,
dem liebsten mir der Bäume,
und träume, wirklich sei mein Traum,
ich wüchse ein mich in den Baum.

Mein Vorfahr

Mein Vorfahr: Untertan.
Sein Grundherr: Baron Mändel.
Früh weckte ihn der Hahn.
Am Abend gab es Händel

mit seinem Eheweib.
Das war ihm arg zuwider.
Ihr war's ein Zeitvertreib.
Dann dehnten sie die Glieder.

Bald lag sie in den Wehn,
die nächsten Jahr' nicht minder,
bis es der Kinder zehn.
Die Kuh trieb fort der Schinder.

Kein Hafen Milch im Haus.
Statt Dinkel wuchsen Quecken.
Verhungerte die Maus,
stank es aus allen Ecken.

Die Kinder fraßen Kohl.
Der blähte ihre Bäuche.
Der Mutter Backen hohl,
die Brüste leere Schläuche.

Er rastete am Rain
nach mühevollem Ackern.
Fern in des Grundherrn Hain
der Elstern spöttisch Schackern,

das frohe Ringelreihn
der jungen Baronessen.
Wär er gewest ein Schwein,
hätt er gehabt zu fressen!

HUNGER, 1945

Ich war gerade zehn geworden,
da endete das Morden.
Groß war die Hungersnot.
Die Mutter schickte mich um Brot.

Jedoch, geplündert war der Bäckerladen.
Wir löffelten Gemüsetrockensuppe, Maden,
die darin schwammen, schoben wir
beiseite an den Tellerrand.
Mit jedem Mundvoll bissen wir auf Sand.

Wir hatten einen »Volksempfänger«.
Doch kaum Musik, gefallen warn die Sänger.
Der Vater, Invalid des Ersten Weltkriegs,
       war gewitzt:
Aus einem Weidenzweig hat eine Flöte er
       geschnitzt.

Drauf hat er auf die Not gepfiffen.
Ich aber hab geträumt von Segelschiffen,
so daß den Hunger eine Weile ich vergaß,
der in den Eingeweiden fraß.

ANFÄNGE

Der Vater heizte Öfen an
in der Papierfabrik.
Auch hielt er Hennen, einen Hahn
und liebte die Musik.

Er wollte, daß ich Geige lern,
denn selber blies wie eh
und je er Es-Trompete gern.
Ich, Virtuos in spe,

bald geigte ihm Etüden vor.
Da ward er gut gelaunt.
Die Mutter hat ihm in das Ohr
ich weiß nicht was geraunt.

Erzürnt der Vater hat geknurrt:
Kaffeehausgeiger? Schweig!
Die Mutter leise hat gemurrt,
geknetet wild den Teig.

Dann nahm mich kleines Geigerlein
die Schule in die Pflicht.
Ich paukte Griechisch und Latein,
schrieb erstmals ein Gedicht.

HOLUNDERBEEREN

Für unübertrefflich hielt ich meinen
          Knabenmut
beim Angreifen und Michwehren.
An meinen Händen klebte kein anderes
          Blut
als das von Holunderbeeren.

Gott sei Dank war ich noch zu jung,
          um im Rassenwahn
zu sengen und zu versehren!

Oftmals fällt mich ein Schaudern an:
Nur meine Jugend wohl bewahrte mich vor
          falschem Heldenmut,
und daß an meinen Händen klebt kein
anderes Blut
als das von Holunderbeeren!

Die Wirklichkeit des Traums

In den Wipfel unsres Walnußbaums
bin als Kind ich gern gestiegen,
ließ mich in die Wirklichkeit des Traums
von den Ästenarmen wiegen.

Wirklich war, was mir im Traum geschah:
Wie ein Vogel konnt ich fliegen.
Nie mehr war dem Himmel ich so nah
und so fern dem Unterliegen.

Der erste Sündenfall

Ich saß zuhöchst im Wipfellaub
und plünderte den Baum verstohlen.
Mir war's nicht Diebstahl, war's nicht Raub.
Dann lief ich fort auf leichten Sohlen.

Die Taschen warn von Nüssen prall.
Zu Hause würde ich sie knacken.
Es war mein erster Sündenfall.
Erst jetzt spür ich die Faust im Nacken!

An die Tochter

Erweise würdig dich des Bodens,
der Blumen trägt und dich!
Und kommt die Zeit des Rodens,
so fürchte nicht den Spatenstich!

Er wird die Blumen schonen,
er schont auch, Tochter, dich!
Du wirst in Anemonen
fortleben ewiglich!

SCHLÜSSELBLUME

Schlüsselblume, halt die Erde,
ihr Verlies halt fest verschlossen,
bin ich Alter doch des Daseins
längst noch nicht verdrossen!

Hab noch nicht genug gelitten,
Schlüsselblume, dich zu bitten,
mir die Erde aufzuschließen,
daß ich Ruh fänd, wie verhießen.

Noch nicht bereit

Noch bin ich nicht bereit.
Noch hält mich fest die Erde,
und bis ich ihrer überdrüssig werde,
vergeht wohl lange Zeit.

Das Dasein, schlägt es mir auch Wunden,
ich achte ihrer nicht,
denn zum Gedicht
hab ich den letzten Vers noch nicht gefunden.

MÄRZENBECHER

Ist's la mort, die tück'sche Frau,
die mir morgendlichem Zecher
Schierling reicht im Märzenbecher,
wohlgetarnt als Morgentau?

Todbetrunken werd ich sein,
ewiglich nicht nüchtern werden,
trink ich von dem nicht auf Erden
uns gepantschten Höllenwein.

DIANA

Ich habe dich gesucht
und fand den Seidelbast.
Ob du dich auf der Flucht
in ihn verwandelt hast?

Vor des Apollon Lust
nicht schützt dich deine List!
Mir blühe an die Brust,
wo du geborgen bist!

Das ist die Frage

Gäb es eine Wiederkehr,
müßte ich verzagen.
Mich erwartete ein Mehr
wohl an Leiden, Plagen.

Sollte ich als Seidelbast
einmal wiederkehren,
würd sich mir die Erdenlast
mindern oder mehren?

LÖWENZAHN

Im Stengel des Löwenzahns
fließt Milch wie in Adern Blut.
Ach, flöss in den meinen statt Blut
Milch des Löwenzahns!

Ledig wär ich des Wahns,
zu sterben, um aufzuerstehn!
Aber ich hätte die Zuversicht des Löwenzahns,
es keime mein Same nach dem Verwehn!

Die letzte Nacht

Die Löwenzahnlampen löscht aus die Nacht
und entzündet die Lampen der Sterne.
Bei beider Licht hab ich gerne
meine Gedichte gemacht.

Löscht aus die Löwenzahnlampen die letzte Nacht,
entzündet sie nimmer die Lampen der Sterne;
sie löscht auch mein Gedächtnis, und daß ich gerne
bei beider Licht mein Leben verbracht.

MAGNOLIENBLÜTEN

Magnolienblüten,
ins Gras gestreut.
Ich will mich hüten,
zu sehn sie heut!

Die jäh Verdorbnen
erinnern mich,
bei Abgestorbnen
bald liege ich.

Dann Wind mag wüten
– mich würd es freun! –,
Magnolienblüten
auf mich zu streun.

Dauer des Gedichts

Kuckuck, arger Täuscher,
zählt mir hundert Jahre vor.
Lieblich tropft mir keuscher
Nachtigallenschlag ins Ohr.

Nicht laß ich mich täuschen,
hundert Jahre leb ich nicht!
Lang doch künd von keuschen
Nachtigallen mein Gedicht!

GRASMÜCKE

Versteckt im Weidenbaum
Grasmücke leise brütet.
Der Späher sieht sie kaum,
da Laub sie schützt und hütet.

Für kurz die Sicht wird frei,
wenn Wind die Blätter wendet:
Grasmücke wärmt das Ei,
das Kuckuck ihr gespendet.

GLOCKENBLUMEN

Hätt ich das Ohr der Grille,
ich hört der Glockenblumen Läuten!
Sie läuten ein die Stille
wie Totenglock gestorbnen Bräuten.

Hab ich auch nicht das Ohr der Grille,
hör ich doch schon das Läuten
der Totenglocke und die Stille,
die mich umfängt bei toten Bräuten.

ZITTERGRAS

Zittergras, was zitterst du?
Zittre nicht vor meinem Schritt,
schreite ich auch ohne Ruh,
wäge ich doch meinen Tritt!

Zittergras, ich bin wie du,
zittere vor fremdem Schritt,
denn er bringt mich aus der Ruh,
wähn in ihm des Todes Tritt!

Im Gras

Das ferne Donnergedengel,
hat es den Heuschreck erschreckt,
der am Zittergrasstengel
zum Sprung die Beinchen streckt?

Mich hat das Donnergedengel
aus der Ruhe geweckt.
Mir träumte vom Todesengel,
und wie er seine Flügel reckt.

Hart wie ein Glockenschwengel
schlägt mein Herz, zu Tode erschreckt.
Aber der Todesengel
hat mich nur geneckt.

LEICHTES GRAB

Tiefer Schläfer,
liege ich im Gras.
Totengräberkäfer
wittert Aas.

Emsen laufen
mir handauf, handab,
häufen Sand zum Haufen,
mir ein leichtes Grab.

SANFTER DEGENHIEB

Bin ich lang im Schlaf gelegen?
Heuschreck springt mir in das Haar.
Gräser kreuzen sich wie Degen.
Wer hier ficht, bleibt unsichtbar.

Der mir weckt und schärft die Sinne,
traf mich sanfter Degenhieb?
Werde ich des Verses inne,
den kein Lebender noch schrieb?

Schon erahn ich das Entzücken,
wandelt sich das Fleisch zu Gras.
Vorerst mag das Dasein glücken,
Leid, Freud nicht im Übermaß!

GANG ÜBER ABGEMÄHTE WIESEN

Über abgemähte Wiesen
bin ich abends hingegangen.
Frische Gräser sah ich sprießen,
und so wuchs auch mein Verlangen,

Gras werd einstens aus mir sprießen,
bin ich in die Erde eingegangen,
über mich hin wüchsen Wiesen,
stillten mein Verlangen.

ZUR NACHT

Die Nachtviole kennt mich nicht.
Mein Dasein ist dem ihren fremd.
Die Spinne merkt sich mein Gesicht.
Wann webt sie mir mein Totenhemd?

Wer ist's, der mir ins Herz zur Nacht
das Schwert der Gladiole stößt?
Schon spür ich Charons Atem sacht,
der übern Fluß den Nachen flößt.

Ohne Spur

Mit Nachtviolen, deren Duft
ich atme, schlöss ich gerne Bruderschaft.
Doch nicht zu überbrücken ist die Kluft,
die zwischen allen Wesen klafft.

Des Tempels Vorhang riß entzwei –
noch heut der Riß geht durch die Kreatur.
Ich bin den Nachtviolen einerlei.
Mein Wort, ihr Duft bleibt ohne Spur.

BLUT

Rittersporn und Eisenhut,
oh, wie kriegerisch das klingt,
aber nicht mein sanftes Blut
Gott sei Dank! in Wallung bringt.

Ja, mir fehlt der Heldenmut,
fechte nur mit meinem Stift,
allenfalls gibt's böses Blut,
wenn er einen Spießer trifft.

Die Grille

Ihr Dasein preist die Grille.
Ich hab nicht ihre Zuversicht.
Daß uns umfängt bald Stille,
ich weiß es, doch die Grille nicht.

Ich könnt mein Dasein preisen,
mir wär mein Ende einerlei,
wüßt ich, mein Staub werd speisen
den Eisenhut, die Akelei!

Ihr Dasein preist die Grille.
Woher nimmt sie die Zuversicht,
der grausam große Wille,
der Dasein schafft, beend es nicht?

Die Wandlung

Mir fühlt sich das Johanniskraut
schon an wie meine Haut.
Pulsiert im Fingerhut
bereits mein Blut?

Ob sich die Wandlung schon vollzieht,
die Seele in die Wesen flieht,
die nicht verwandt mir schienen,
in Blumen, Falter, Bienen?

Mein ausgehauchtes Wort,
es lebt in ihnen fort,
im Falterflügelhauch,
im Feuerlilienrauch.

BLUTWEIDERICH

Blutweiderich, Blutweiderich,
der Bienen und der Hummeln Weide.
Blutweiderich, Blutweiderich,
du bist auch meiner Augen Weide!

Blutweiderich, Blutweiderich,
wenn ich von dieser Erde scheide,
soll sanft mein Sein verbluten sich
zur Bienen- und zur Hummelweide!

MOHN

Das Kornfeld lichterloh
in Flammen Mohns.
Das Wundmal brannte so
des Menschensohns.

Auf einem Ballen Stroh,
im Schein des Mohns,
sitz ich erlöst und froh
des Menschensohns.

WIESKIRCHE

Im weichen Gräserfließen,
im Distelsamenwehn
die Kirche in den Wiesen,
wo Heil'ge sich ergehn.

Die Gnadenströme fließen
beim gottgerechten Flehn.
Geheiligt sind die Wiesen,
drauf Wegekreuze stehn.

Hier gilt kein Zeitverfließen,
hier bleibt die Stunde stehn.
Die Kirche in den Wiesen
läßt uns getröstet gehn.

LEICHT ZU GLAUBEN

In einem Kirchturm hausen,
als Nachbarn nur die Tauben,
die stets sich zärtlich zausen
auf Giebeln und auf Gauben!

Wo Glocken mich umbrausen,
da ist es leicht zu glauben,
daß drunten Menschen hausen,
so friedlich wie die Tauben.

Unter einer Trauerweide

Unter einer Trauerweide
werd ich liegen, doch nicht schweigen.
Gären wird in Weidenzweigen
Saft aus meinem Eingeweide.

Weidenknospen wird er speisen,
daß sie laubesschwanger brechen.
Weidenblätter werden sprechen,
laut mit meiner Zunge preisen.

An einen früheren Dichter

Dem Posthorn lausch ich nach,
von dem dein Herz entbrennte.
Mir ist, als ob es mich
bei meinem Namen nennte,

als ob es, Dichter, mich
in deinem Namen riefe,
daß ich, verscheide ich,
an deiner Seite schliefe.

Das Gedicht

Was zuvor ich dumpf geahnt,
offenbart mir das Gedicht.
Durch die Dunkelheiten bahnt
Wege mir des Verses Licht,

Wege, die ich sinnend geh;
Weiser ist mir das Gedicht,
daß ich mich im Erdenweh
nicht verirr, ihm weiche nicht.

Mein Gedicht

Atmete mein Gedicht
Nachtviolenduft!
Sei's so durchsichtig und licht
wie ein Falterflügel in der Luft!

Sei's so sanft und leis
wie ein Hauch aus Elfenmund,
wie das Blaun des Ehrenpreis
über meines Grabes Grund!

Scheine ich auch tot und stumm,
sei getrost, ich bin es nicht:
In dem Ehrenpreis das Biengesumm
deut als mein Gedicht!

REGEN

Wenn der blaue Ehrenpreis
meine Ruhestatt bedeckt,
wünsche ich mir Regen leis,
daß kein lauter Schwall mich schreckt.

Netzt er sanft den Ehrenpreis,
dessen Bläue unbefleckt
respondiert »Kyrieleis!«,
daß ich werd dereinst erweckt.

Tote Seelen

Den toten Bläuling fand
frühmorgens ich im Gras.
Ich nahm ihn in die Hand,
der mir nicht irgendwas.

So schauen, wie mir scheint,
die toten Seelen aus,
die finden, ausgeweint
vor Sehnsucht, nicht nach Haus.

AUSGEKÜHLT

Falterfühler mich befühlt,
ob noch wärme meine Haut,
ob ich nicht schon ausgekühlt,
nicht der Wurm schon in mir wühlt.

Oft hab ich das Bitterkraut
meiner Traurigkeit gekaut,
hab den Mund mit Wein gespült
und ersäuft den Klagelaut.

Ist der Gaumen reingespült,
ausgeschwitzt das Bitterkraut
durch die Poren meiner Haut,
bin ich fast schon ausgekühlt.

ANDERE ART DER AUFERSTEHUNG

Leichter fiele mir mein Gehn,
wüßte ich, es würd mein Staub
nicht in alle Wind verwehn,
sondern als der Flügelstaub
eines Falters auferstehn.

TEICHROSE

Unirdisch ihre Klarheit,
nur ihr und Sternen eigen.
Suchst du nach ew'ger Wahrheit,
find sie in ihrem Schweigen!

SCHLÜPFENDE LIBELLE

Die hängt an einem Wasserlilienstengel,
aus ihrer Hülle müht sich die Libelle,
entfaltend ihre Flügel wie ein Engel,
und sind sie trocken, sirrt sie in das Helle.

Ach, wär der Himmel licht nur von Libellen!
Doch mir verfinstert ihn der Todesengel.
Wann treib ich auf des Totenflusses Wellen,
durchwächst die Brust ein Wasserlilienstengel?

LIBELLENSPIEL

Als kreuzten sich im Blauen
zwei blitzende Florette,
Libellen sind zu schauen,
die fechten um die Wette.

Dann will es eher scheinen
wie Werben denn wie Fechten,
wie wildes Sichvereinen
und sanftes Sichentflechten.

Wer wollte der Libellen
verworrnes Spiel entwirren,
ihr Voneinanderschnellen
und Zueinandersirren!

DER RISS

Im Himmelsblau ein Riß:
azurblaue Libelle.
Wer seine Augen schließt,
sieht die gerissne Stelle.

Wo seine Bläue riß
beim Blitzflug der Libelle,
der Himmel wieder schließt
mit seinem Blau die Stelle.

DER LANZENWURF

Wessen Lanzenwurf das Licht?
Irdisches verfehlt er nicht.

Bis ins Innerste liegt offen,
was der Lanze Licht getroffen.

Kürbis halb gespalten klafft.

Hohen Sommers Mittagstunde,
blutend aus des Pfirsichs Wunde,
sanft vertropft mit seinem Saft.

Und mein Sein, mich schmerzend nicht,
sich verströmt in das Gedicht.

DIE STACHELBEERE

Die gestreifte Stachelbeere
liegt mir als Erdkugel in der Hand.
Ich spüre die wogenden Meere,
den wandernden Dünensand.

Der Saft der Beere
pulsiert als Blut in meiner Hand.
O köstlicher Friede: Keine Heere
verheeren das Land!

Der Frieden der Beere
strömt ein in meine Hand.
Mich überwogen die Meere,
mich überwandert der Sand.

LETZTE LUST

Duft von Dill und Kresse
weitet wohlig mir die Brust.
Ob ich ihn vergesse,
den geatmet ich mit Lust?

Duft von Dill und Kresse
sei mir eine letzte Lust!
Ob ich ihn vergesse,
ist es still in meiner Brust?

ZWIEBELN

Unter wilden Weines Feuer
sitz ich vor der Gartenscheuer.

Zwiebeln im Gebälk in Bündeln.
Was beginnt in mir zu zündeln?

Katze schnurrt um meine Beine.
Weiß sie, daß ich heut noch weine –

ob vor Kummer, den ich leide,
oder weil ich Zwiebeln schneide?

SÄURE

Mir reift kein Apfel mehr am Baum
der Kindheit, längst gefällt.
Doch wächst ein neuer Baum im Traum.
Des Äpfel, ach, sind mir vergällt:

Zu stillen meine Bitternis,
hab in den Apfel rot und rund
gewagt im Traum ich einen Biß,
erwach mit Säure ich im Mund.

VENUSAPFEL

Der Apfel schwillt
zur Venusbrust.
Ach, ungestillt
bleibt meine Lust!

Die rosig rund
mich lockt im Laub,
Pans Wespenmund
fällt sie zum Raub.

Wär's mir geglückt,
der Venus Zier
hätt ich gepflückt
und sanft sie mir
ans Herz gedrückt.

JUNGE FRAU MIT WEISSER HAUBE

Junge Frau mit weißer Haube,
anmutsvoll und wohlgestalt.
Mich zu tränken mit der Traube
ihrer Brust, bin ich zu alt.

Ich erblinde und ertaube,
seh schon offnen Himmels Spalt.
Junge Frau mit weißer Haube,
trostreich von Vermeer gemalt.

DIE JÄGERIN

Mach mich hürnen, Sommertag,
auch das Herz mir härte!
Die mir auf der Lauer lag,
nun folgt meiner Fährte,

Jägerin, die lieben will –
oder mich erlegen?
Wär ich hürnen, hielt ich still,
stellt mich ihr entgegen,

und ich kämpfte offner Brust,
wär nicht zu besiegen.
Aber ihrer Liebeslust,
würd ich ihr erliegen?

Das Wasserrosenblatt
Nach Alexander Puschkin

Atemlos, in einem hohlen Baum versteckt,
sah ich Nereide aus den Fluten steigen –
aber keine Blöße wollte sich mir zeigen,
denn das Lieblichste, das die Begierde weckt,
war mit einem Wasserrosenblatt bedeckt,
und, sosehr ich's wünschte, keine Woge hat
weggespült vom Allerlieblichsten das Blatt.

Auf dem Prager Laurenziberg
Nach Jaroslav Seifert

Es regnete in feinen Strichen,
und rosig duftete der Regen
nach Frauenhaar, noch nicht geblichen,
und duftete nach einem süßen Schoß,
in dem ich eine Nacht gelegen,
nach weißen Frauenbrüsten, zart und bloß,
nach einem Leib, durchzuckt von meinem Stoß.

Beim Rosenbrechen

Eh ich sie, die Rose, breche,
bitt ich sie, mir zu verzeihen,
weil ich mich erfreche,
ihre Unversehrtheit zu entweihen,

und ich bitt, daß sie mich steche,
so mich mög dagegen feien,
daß ich Rosen breche,
ehe ich sie bitt, mir zu verzeihen.

TRAUM

Sieh, die roten Erdenrosen,
sie verblassen in der Nacht
vor den weißen Himmelsrosen!

Seufzend bin ich aufgewacht:
Traum nur war das süße Kosen,
ach, mit einer Wesenlosen!

Sich ans Fenster drängen Rosen,
weiß erblühte, rot verblaßte –
daß auf mir der Traum nicht laste?

Rose und Dichter

Roter Rosenmund, der schweigt,
nichts dem Dichter, der umdüstert
sich zur Rose niederneigt,
in das Ohr, fast taub schon, flüstert.

Was die rote Rose weiß,
besser ist es, nicht zu wissen:
Was sie spräch zum Dichter leis,
wär ein Mehr an Düsternissen.

KLETTERROSEN

An der weißgekalkten Gartenmauer
rankt die Kletterrose sich empor,
und in einem weitgeschwungnen Bogen
überwölbt sie rot das Eingangstor.

Nächtens wölbt sich überm Eingangstor,
über der verblaßten Gartenmauer
ebenso in weitgeschwungnem Bogen
eine Ranke rosenweißer Sterne,

und das Auge, um das Rot betrogen,
übertaut von sanftem Tränenschauer,
läßt sich täuschen von dem Sternweiß gerne,
das besänftigt ihm den Tränenflor.

DASEINSMUT

Schon hat das Ahornblatt
nicht mehr den Daseinsmut,
den noch die Rose hat:
Vorm Welken welche Glut!

Des greisen Dichters Hand,
die sich die Rose bricht,
erwarmt vom Rosenbrand,
wagt wieder ein Gedicht.

Alt und tugendhaft

Mir ist verblüht die Rose,
verglüht die Leidenschaft.
Da ich sie nicht mehr kose,
die einst so Makellose,
wend ich mich hin zur Lilie
und halt bei ihr Vigilie,
ach, alt und tugendhaft!

Im Sonnenlosen

Dauern möcht ich wie die Rose,
die von Jahr zu Jahr erblüht.
Doch ich geh ins Sonnenlose,
wo mir keine Rose glüht.

Nicht ergötzt im Sonnenlosen
sich an Rosen mein Gemüt.
Keine Rosen darf ich kosen,
deren schönste ewig blüht,

nämlich jene Sonnenrose,
die von Tag zu Tag erglüht,
aufhellt alles Hoffnungslose,
stets aufheitert das Gemüt.

Der Dichter in der Laube

Die wolkenweiße Taube,
sanft flügelnde, umkreist
des Dichters lausch'ge Laube
als wie der Heil'ge Geist.

Der Dichter sitzt darinnen,
– das Weinlaub dämpft das Licht –,
wie Spinnennetz zu spinnen
feinfädig ein Gedicht.

Hilf, wolkenweiße Taube,
o hilf ihm, Heil'ger Geist,
hilf, Saft aus blauer Traube,
daß ihm das Netz nicht reißt!

VERLASSENER PAVILLON

Weinlaubschatten an der Wand
des verlassnen Pavillons –
Hieroglyphen einer Hand,
Hauch längst eines Papillons.

Wer das Aug des Dichters hat
– o daß dies ihm nichts verhehl! –,
der enträtselt, Blatt für Blatt,
ein verschollenes Ghasel.

Der Reim

Und geh ich heim,
dann zu den Faltern,
möcht sein ein Reim
in Flügelpsaltern!

Vermißt du mich?
Geh zu den Faltern,
lies inniglich
in ihren Psaltern!

Du findst den Reim!
Dort, bei den Faltern,
wo er daheim,
werd ich nie altern!

ROTE GLADIOLE

Die rote Gladiole,
ist sie benetzt von Blut?
O nein! Die Gladiole
inwendig steht in Glut!

Wer stillt der Gladiole
die Glut mit seinem Blut?
Durchstoß mich, Gladiole,
ich fänd dazu den Mut!

HOFFNUNG

Will mit einem Gladiolenstoß
einer mich versehren?
Allzeit meine Brust liegt bloß!
Nicht werd ich mich wehren,

ist doch meine Hoffnung groß,
in das Sein zurückzukehren,
ob als Flechte, ob als Moos.
Wagt ich Höheres zu begehren?

KÖNIG LEAR

Im frühen Frost zerbrach
das Gladiolenschwert.
Ich lebe noch, o Schmach!
Bin ich nicht tötenswert?

Bin ich dem Tod zu alt?
Ich fürcht, ich sterbe nie!
Die Knochenfaust geballt,
wie oft ich nach ihm schrie!

Mein Königreich zerbrach.
Die Königskron verlorn.
Der mir die Brust zerstach,
töt du mich, Rosendorn!

WEISSE DAHLIE

Der ich mein glühendes Gesicht
am Abend in ihr Weiß einbrannte,
am Morgen, ach, die Dahlie kannte
nicht mehr mein taunasses Gesicht!

Der ich beim frühen Morgenlicht,
der Dahlie, meinen Namen nannte,
am späten Abend noch, ach, brannte
von ihrer Kühle mein Gesicht!

POMPON-DAHLIE

Die Pompon-Dahlie – prächtig!
Ich selbst gering und schmächtig!
Doch als ich sie am Morgen fand,
besah sie mir bedächtig,

schien sie mir todesträchtig
wie meine welke Greisenhand.
Ich schloß in eines Buches Schrein
ein Blatt und so mich selber ein.

MITTAGSLICHTER

Lupinen, Königskerzen,
liebliche Mittagslichter.
Die Sterne gleißen erzen,
der Blumen Schein ist schlichter.

Ihr mildes Licht mir leuchte,
die Dinge zu erkennen,
was namenlos mich deuchte,
mit Namen zu benennen!

Die Königskerze

Inmitten Schutt und Scherben
die Königskerze loht,
still trotzend dem Verderben
durch Rost und Rattenkot.

Wo Dämpfe dich verderben,
erkennst du dein Gesicht
im Spiegel blinder Scherben,
und wie's darin zerbricht?

Wo du die Pest kannst erben,
der Königskerze Licht
verklärt dein in den Scherben
zerbrochenes Gesicht.

Auf einem Ödfeld

Versucht wer, mich ins Feur der Nesseln
zum Purgatorium zu schleifen?
Schon fühl, die Füße mir zu fesseln,
ich Queckenwurzeln nach mir greifen.

Und schlägt schon bald der Nesselflammen
Fegfeuer über mir zusammen,
wollt meine Asche, Ackerwinden,
fest an die öde Erde binden,
daß nicht verweh sie, sondern nähre
auf karger Krume karge Ähre!

AHNUNG

Wegwarte wartet meiner nicht.
Ach, wüßte ich, worauf sie wartet!
Vielleicht nur auf ein wenig Licht,
auf Bläulinge, ihr nachgeartet.

Mein Auge netzt der Morgentau.
Drum kann ich nicht mehr unterscheiden,
was Falterbläue, Blumenblau.
Ich ahn, ich lebe fort in beiden;

denn insgeheime Bruderschaft
verbindet uns mit allen Wesen.
Die ihnen innewohnt, die Kraft
des Göttlichen läßt uns genesen.

HARLEKIN

Wegstaub pudert mir die Wange,
daß ich gleich dem Harlekin.
Kneif mich, Ohrenhöhlerzange,
ob ich noch auf Erden bin!

Währt mein Wandern schon zu lange?
Darf ich nicht mehr weiterziehn?
Stäubt der Tod mir weiß die Wange,
daß ich sei sein Harlekin?

Der Kinderdrachen

Einen Kinderdrachen seh ich steigen,
meiner Sehnsucht leichte Fracht.
Warum muß ich schweigen,
wenn ich ihn betracht?

Ach, ich seh im Kinderdrachen,
der da oben schwebt,
nah und näher schaukelnd, Charons Nachen,
da ich ausgelebt!

STERNASTERN

Die Nacht durchblüht
von weißen Astern.
Längst ausgeglüht
bin ich von Lastern.

Verraucht die Gier
nach heißen Freuden.
Nichts mehr in mir,
sich zu vergeuden.

Auf meiner Brust,
bald alabastern,
liegt mir zur Lust
ein Bund Sternastern.

ABENDSTERN

Zu rühren nicht vermag
des Menschen Schmerz den Abendstern.
Dem bittend ich zu Füßen lag,
der Gott bleibt stumm und fern.

Ob mich der Gott vergessen hat?
Spricht er zu mir durchs Licht
des Abendsterns, als Pappelblatt,
und ich versteh's nur nicht?

STERNENPSALTER

Ich bin in einem Alter,
da nichts ich mehr begehr.
Steht es im Sternenpsalter,
ob je ich wiederkehr?

Vielleicht als blauer Falter,
erstandner Staub, nicht mehr,
und daß ihn nicht ein kalter
Anhauch erneut versehr!

Andernorts

Die Sterne rieseln, Sand,
durchs Stundenglas der Nacht.
Jäh bin ich aufgewacht:
Erlahmt ist mir die Hand.

Nie schreibt sie mehr zur Nacht
mir Verse, zart und schlicht.
Die Sterne achten's nicht,
ob ich mein Werk vollbracht.

Die Gültigkeit des Worts
verblaßt vor ihrem Tun.
In Bälde werd ich ruhn,
nicht mühn mich andernorts.

Birnlaubsprache

Das Birnlaub am Spalier
laut raschelt nachts im Wind –
als rede es zu mir,
daß keinen Schlaf ich find.

Der Birnlaubzungen Flirrn,
vermag's zu deuten nicht,
da jede, mich zu wirrn,
die Birnlaubsprache spricht.

UNSTERBLICH

Nach Haselnüssen greif ich,
eh Häher sie erhaschen,
sie von den Zweigen streif ich,
zu fülln die Hosentaschen.

Mir ist, ich sei noch Knabe,
der niemals sterben müsse,
viel Zeit zum Pflücken habe
unendlich vieler Nüsse.

Früher Herbst

Kastanienblätter wirbelnd fallen,
von später Sommerglut versengt.
Nun werden sichtbar Knospenkrallen.
Ihr Anblick mir das Herz beengt.

Wie flammten die Kastanienkerzen
empor in einer Maiennacht!
Sie loschen längst in meinem Herzen.
Ob mir ein Mai sie neu entfacht?

Beim Fall der Kastanien

Ich höre aufs Verandadach
des Nachts Kastanien prallen.
Der Fall der Früchte hält mich wach:
Was ausgereift, muß fallen.

Auch horch ich auf mein Herz, das schwach
nur pocht – schon reif fürs Fallen?
Im Niederprall der Frucht wird, ach,
sein leiser Schlag verhallen!

Alljährlich werden auf das Dach
Kastanienfrüchte prallen.
Wann werd von ihrem Fall ich wach
zu neuem Erdenwallen?

HERBSTZEITLOSEN

Herbstzeitlosen, Pfeile,
auf mich abgeschossen.
Wen hat es verdrossen,
daß ich hier noch weile?

Ist die Brust getroffen,
eine Wunde offen,
schreib ich unverdrossen
Zeile hin um Zeile –
ob der Vers sie heile?

Spät im September

Die Stare, reiselustig,
sammeln sich im späten
Septemberlicht
auf Telegraphendrähten.

Als ob ein unsichtbarer Meister
Noten setzte,
die Kreatur die erste,
doch er selbst die letzte.

Ich such die Notenschrift der Stare
nachzusummen,
doch Bocksgesang
läßt jählings mich verstummen.

Ich höre ihn die Melodie
wild übertönen,
die singt von Erdenlust
und allem Schönen.

Mit dem Federkiel

Sieh, wie die Wolken ziehn,
als hätten sie ein Ziel!
Sieh, wie die Störche fliehn
ins Sonnenland am Nil!

Ach, mit den Wolken ziehn,
und hätten sie kein Ziel!
Was bleibt mir, als zu fliehn
nur mit dem Federkiel!

HAGEBUTTEN

Hagebutten: Rotweinkrüge,
Elfenmündern mundgerecht.
Nehmen Elfen ein, zwei Züge,
macht ein Tropfen sie bezecht.

Meinem Durst solch winz'ge Krüge
werden nimmermehr gerecht.
Daß ein Rotweinkrug genüge,
sei er meinem Mund gerecht!

Keine neunundneunzig Züge,
volle, machen mich bezecht!
Du, behaupte nicht, ich lüge!
Wenn ich's tät, ich lög nicht schlecht!

Das Ahornblatt

Streift mich ein Ahornblatt,
so streift mich eine Hand.
Ich frag, an wessen Statt
das Blatt gestreift mich hat.

Wer ist es, dessen Hand
verbirgt sich in dem Blatt?
Nie eine Antwort fand,
den je gestreift es hat.

Singe, Amsel!

Singe, Amsel, du an meiner Statt,
weil mir zugeschnürt die Kehle,
meine Stimme keine Kraft mehr hat,
schau ich doch schon meine Stele!

Meine Hand ein welkes Ahornblatt,
dessen Fall mir nicht verhehle!
Längst dein weises Vogelauge hat
ausgespäht das Fliehn der Seele.

Regen

Dir, Regen, biet ich meine Brust,
in ihr erwecke Wandlungslust!

In Wasser wandele mein Blut!
Gieß in die Adern Wandlungsmut!

Schwemm aus den Lebensüberdruß,
laß leben mich in deinem Guß!

Am Wasserfall

Ich steh am Fluß und lausch
dem Lied der Nachtigall.
O daß nicht überrausch
ihr Lied der Wasserfall!

Als ich das Ufer tausch,
verstummt die Nachtigall.
Weiß sie, mich überrausch
wie sie der Wasserfall?

Die Woge

Ins Wasser senkte ich den Blick.
Es spiegelte ihn mir zurück.

Dem Wasser wohl genügte nicht,
weil zu gering, mein Angesicht.

Doch leckte es am Knie mit Lust,
warf einen Schwall mir an die Brust.

Ich hab die Woge jäh umarmt,
die meinem Werben sich erbarmt.

Nicht mehr wie einst

Im Schilf Rohrdommel ruft,
als blas wer Bombardon.
Strömt her vom Acheron
der Wasserminze Duft?

Nicht mehr im selben Ton
wie einst die Amper rauscht.
Des Dichters Ohr erlauscht
in ihr den Acheron.

Der Nachen

Ein Pfad führt durch den Erlenbruch.
Ich atme Wasserminzenruch.

Ich weiß nicht, was zum Fluß mich lockt.
Vielleicht der Nachen angepflockt?

Ist's noch die Amper oder schon
der Unterwelt Fluß, Acheron?

Und steig ich in den Nachen ein,
wird wohl der Fährmann Charon sein.

Letzte Schuhe

Harrend meiner Hadesfahrt
bind aus Binsen ich mir Schuhe.
Barfuß lädt mich Charon wohl
nicht in seines Nachens Truhe.

Was die weise Pappel spricht,
tausendblätterzüngig, schreibe
ich zum Abschied ins Gedicht,
daß an mich Erinnrung bleibe.

Unter Charons Ruderschlag
wellen sich die Wasserlinsen.
Lädt er in den Kahn mich, trag
letzte Schuhe ich aus Binsen.

An der Amper

Vertäut am Ufer Charons Kahn?
Ich seh der Toten Fährmann nicht.
Scheut er den Blick mir ins Gesicht?
Er springt mich wohl von hinten an!

Wohlan, dann wend ich selbst den Blick
ihm zu und schau ihm ins Gesicht,
daß er mich vorne treff und nicht
das Ruder schlag mir ins Genick!

WEIDENLAUB

Ob's fröhlich oder traurig,
sieht man dem Laub nicht an.
Nachts manchmal rauscht es schaurig,
als künd es Charons Kahn.

Dann wieder ist's wie Säuseln,
als schlief im Wipfel Pan,
des Lippen, Laub, sich kräuseln
vor Spott, legt Charon an.

Als Weide

Wandelt sich mein Sein
sanft zum Weidensamen?
Saugt ihn Erde ein,
sag, in wessen Namen?

Same wird zum Keim.
Knospen schwellen, brechen.
Werd ich Vers und Reim
bald als Weide sprechen?

Die Angst der Espe

Der Espe Blätter zittern
vor Bangnis unentwegt,
auch wenn sich nach Gewittern
der Sturmwind hat gelegt.

Ein unerklärlich Bangen
das Espenlaub durchbebt.
Noch ist es nicht vergangen,
als Wind erneut anhebt.

Das Zittern wird zum Zagen,
die Bangnis wird zur Angst.
Verstünd ich, dich zu fragen,
wovor du, Espe, bangst!

Erst nach dem Auferstehen
aus meinem Erdenstaub
werd ich die Angst verstehen,
bin selbst ich Espenlaub!

Nach dem Wandel

Wenn ich eingeh in die Erde,
Pappelwurzeln speisen werde,
eines unter abertausend
Blättern, die, vor Weisheit brausend,
weissagen und prophezeihn,
mag dann meine Zunge sein.

Meine Zunge

Auferstünde meine Zunge
als ein Silberpappelblatt!
Anhauch aus des Windes Lunge
brächt zum Sprechen meine Zunge,
die jetzt stumm und todesmatt,
neu als Silberpappelblatt.

In der Elsternsprache

Wäre ich der Elsternsprache mächtig,
schriebe ich in dieser mein Gedicht.
Stets der Elster lauschte ich bedächtig,
schriebe nieder, was sie weise spricht.

Unerschöpflich flössen mir die Strophen,
denn in allem, was die Elster spricht,
ist sie klüger als die Philosophen;
Elsternweisheit prägte mein Gedicht!

Besuch des Vaters

Ich bin so alt wie unser Walnußbaum,
den Vater hat gepflanzt vor siebzig Jahren.
Oft sucht mich auf der Vater nachts im Traum,
zu fragen, ob die Nüsse reichlich waren.

Dann brechen wir, zwei Greise, auf die Nuß,
gedenkend unser beider Lebensjahre,
bis Vater wieder überquert den Fluß
und ich verwehn seh seine weißen Haare.

Beim Öffnen einer Walnuss

Ist unser Werden und Vergehn
vom Walnußhirn vorausgedacht?
Hat über unser Auferstehn
das Walnußhirn Gewalt und Macht?

Ich habe einen schönen Traum:
Es wandle sich zum Walnußhirn
das meine und ein Walnußbaum
wüchs wunderbar aus meiner Stirn.

WALNUSSLAUB

Nun anders als zur Jugendzeit
das Walnußlaub mir Altem rauscht,
als rausch es her von weit –
wie in der andern Welt das Nußlaub rauscht?

Nun anders als zur Jugendzeit
dem Walnußlaub ich Alter lausch.
Rauscht Laub so in der Ewigkeit,
in die ich scheu hinüberlausch?

Zur Stunde der Auferstehung

Am liebsten hätte ich als Zunge
ein Walnußblatt im Mund,
bläst man mir Odem in die Lunge
zur Auferstehungsstund.

Ich spräch die Nußlaubsprache wieder,
die ich als Kind im Traum
gesprochen, als mir warn die Glieder
Gezweig am Walnußbaum.

MEINE GEIGE

Schon geht der Tag zur Neige.
Ich greif nach meiner Geige,
zu spielen an mir Mut.

Die Nacht soll mich nicht feige
vorfinden, vielmehr zeige
ich spielend kaltes Blut.

Und geht mein Sein zur Neige,
ich hoff, daß meine Geige
nicht auch für immer ruht!

Geigen bei Nacht

Ich streiche meine Geige,
dieweil die Nacht anhebt
und funkelnd im Gezweige
das Sternenlicht auflebt.

Wie schön, bei Nacht zu geigen!
Nach nichts der Mund mehr strebt,
als wie der Mond zu schweigen,
wenn auch das Herz noch bebt.

MEIN LEISES LIED

Wie sie tötenslüstern blitzen,
Lindenblätter, Lanzenspitzen,
gegen meine Brust gerichtet!

Werd von Göttern ich beschuldigt,
daß ich ihnen nicht gehuldigt,
nur mein leises Lied gedichtet?

Verse waren stets mir Labe,
Götter Greuel; darum habe
ich auf Göttergunst verzichtet,
nur mein leises Lied gedichtet.

GESANG

Das Alter mich zu Boden zwang.
Mir ist, als hörte ich Gesang –
von nah, von fern, irgendwoher?
Kein Engel, der da singt! Doch wer?
Der Himmel ist von Engeln leer!
Säng's aus mir selber, wär mir bang!
Es wär mir wie mein Abgesang!

Die Stimme

Wenn der Wind in der Algarve
Telegraphendrähte stimmt,
tönt mir lieblich eine Harfe,
die kein andres Ohr vernimmt.

Hör ich summen eine Imme,
wird zur Süße mir die Qual,
denn zur Harfe ist's die Stimme,
summend sanft in Portugal.

STROHBLUMEN

Schau ich sie an,
bin ich nicht froh:
Sie duften nicht,
sind totes Stroh.

Wer sie sich flicht
ins Haar als Kranz,
der dreht sich bald
im Totentanz.

Vor Gräbern

Den Schlaf der Toten nicht zu stören,
verstummt der Wind in den Zypressen.
Ich kann die Toten atmen hören.

Ist ihnen Leben zubemessen,

ein nur den Toten eignes Leben,
von dem wir Lebende nichts ahnen?

Ich seh sie ihre Lider heben:
Kein Nachschmerz schwelt des abgetanen.

KONZENTRATIONSLAGER

An diesem Ort versagt das Wort,
erstarrt im Mund, wird knöchern, beinern.
Kaum hergekommen, flieh ich fort,
an diesem Ort nicht zu versteinern.

Mir ist der Todesort vergällt,
nichts hält mich, still zu halten,
vielmehr ein Zweifel mich befällt,
ob Menschenöfen je erkalten.

An Gott

Warum hast du es zugelassen,
du unerforschlich unsichtbarer Gott,
daß tödlich sich die Menschen hassen,
erfanden Guillotine und Schafott,

den Galgen, die Vergasungskammer,
Verbrennungsofen und Erschießungsstand?
Rührt, Gott, dich nicht der Menschen Jammer?
Dich zu begreifen, fehlt mir der Verstand!

Wie mußt du, Gott, die Menschen hassen,
die offensichtlich dir mißlungen sind,
auch nicht in deine Schöpfung passen,
die schuldlos ist: zu Sonne, Wolken, Wind!

Gott, der schweigt

Meiner Zunge Bitten
scheint nicht wohlgelitten,
findet kein Gehör
bei dem Gott, der schweigt,
nimmer mir sich neigt,
wenn ich ihn beschwör.

Efeublatt wird flehen
– Zunge ist nur Lehen –,
ob er es dann hört,
jener Gott, der schweigt,
nimmer mir sich neigt,
immer mich verstört?

Im ew'gen Nichts

Im Traum mir wuchsen Flügel
als wie von einem Aar.
Die Berge Maulwurfshügel,
ein Maulwurfsloch das Maar.

Des Himmels hohe Weite,
sie reichte mir nicht aus.
Ich ließ ihn bald beiseite,
flog über ihn hinaus.

Wo keine Götter thronen,
ihr Büttel Tod gilt nichts,
da will ich künftig wohnen,
ein Nichts im ew'gen Nichts!

Blick aus dem Wintergarten

Apfelrot und apfelrund
Abendsonne, tiefverschneit.
Ist das, was ich schmeck im Mund,
Süße schon der Seligkeit?

Sonne, die den Tag erhellt,
Apfel, den die Nacht sich pflückt,
Sinnbild jener andern Welt,
welche mich verschreckt, beglückt.

BEI WEISSEN AZALEEN

Ich sitz im Wintergarten
bei weißen Azaleen,
den stillen Blumenwesen
beim Blühen zuzusehn.

Nicht lang wird mir das Warten,
bis Blüten neu aufgehn,
im Blühn, Verblühn zu lesen
Vergehn und Auferstehn.

Resümee

Was hast du eingefahren
an Versen, sag's, Poet!
Die Müh von siebzig Jahren
ist wie vom Wind verweht.

Die Götter offenbaren
nur einmal dir, Poet,
was du in siebzig Jahren
wohl tausendmal erfleht.

Vor dem Einschlafen

Kreuzspinne hängt im Fensterkreuz.
Ist es der Mond, kreuzspinnenfett?
Was ich getan, mich freut's, mich reut's.
Wird mir mein Bett zum Totenbett?

Kreuzspinn spinnt in den Schlaf mich ein.
Sie saugt mir wohl den Atem aus.
Dann werd ich ohne Seele sein.
Die Hülle trägt man aus dem Haus.

Im Gleichgewicht

Naht deine Sterbestunde,
verdüstert sich der Himmel nicht.
Die Erde hält nicht inne in der Runde.
Gelassen wechseln Schatten und das Licht.

Kein Vogel gibt von deinem Sterben Kunde,
die Pappel nicht, die Unerhörtes spricht.
Stets klafft und schließt sich eine Wunde –
so bleibt das Sein im Gleichgewicht –
nur deines nicht!

INHALT

Mein Vorfahr · 9
Hunger, 1945 · 11
Anfänge · 12
Holunderbeeren · 13
Die Wirklichkeit des Traums · 14
Der erste Sündenfall · 15
An die Tochter · 16
Schlüsselblume · 17
Noch nicht bereit · 18
Märzenbecher · 19
Diana · 20
Das ist die Frage · 21
Löwenzahn · 22
Die letzte Nacht · 23
Magnolienblüten · 24
Dauer des Gedichts · 25
Grasmücke · 26
Glockenblumen · 27
Zittergras · 28
Im Gras · 29
Leichtes Grab · 30
Sanfter Degenhieb. · 31
Gang über abgemähte Wiesen · 32
Zur Nacht · 33
Ohne Spur · 34
Blut · 35
Die Grille · 36
Die Wandlung · 37
Blutweiderich · 38
Mohn · 39
Wieskirche · 40
Leicht zu glauben · 41
Unter einer Trauerweide · 42
An einen früheren Dichter · 43

Das Gedicht · 44
Mein Gedicht · 45
Regen · 46
Tote Seelen · 47
Ausgekühlt · 48
Andere Art der Auferstehung · 49
Teichrose · 50
Schlüpfende Libelle · 51
Libellenspiel · 52
Der Riß · 53
Der Lanzenwurf · 54
Die Stachelbeere · 55
Letzte Lust · 56
Zwiebeln · 57
Säure · 58
Venusapfel · 59
Junge Frau mit weißer Haube · 60
Die Jägerin · 61
Das Wasserrosenblatt · 62
Auf dem Prager Laurenziberg · 63
Beim Rosenbrechen · 64
Traum · 65
Rose und Dichter · 66
Kletterrosen · 67
Daseinsmut · 68
Alt und tugendhaft · 69
Im Sonnenlosen · 70
Der Dichter in der Laube · 71
Verlassener Pavillon · 72
Der Reim · 73
Rote Gladiole · 74
Hoffnung · 75
König Lear · 76
Weiße Dahlie · 77
Pompon-Dahlie · 78
Mittagslichter · 79
Die Königskerze · 80

Auf einem Ödfeld · 81
Ahnung · 82
Harlekin · 83
Der Kinderdrachen · 84
Sternastern · 85
Abendstern · 86
Sternenpsalter · 87
Andernorts · 88
Birnlaubsprache · 89
Unsterblich · 90
Früher Herbst · 91
Beim Fall der Kastanien · 92
Herbstzeitlosen · 93
Spät im September · 94
Mit dem Federkiel · 95
Hagebutten · 96
Das Ahornblatt · 97
Singe, Amsel! · 98
Regen · 99
Am Wasserfall · 100
Die Woge · 101
Nicht mehr wie einst · 102
Der Nachen · 103
Letzte Schuhe · 104
An der Amper · 105
Weidenlaub · 106
Als Weide · 107
Die Angst der Espe · 108
Nach dem Wandel · 109
Meine Zunge · 110
In der Elsternsprache · 111
Besuch des Vaters · 112
Beim Öffnen einer Walnuß · 113
Walnußlaub · 114
Zur Stunde der Auferstehung · 115
Meine Geige · 116
Geigen bei Nacht · 117

Mein leises Lied · 118
Gesang · 119
Die Stimme · 120
Strohblumen · 121
Vor Gräbern · 122
Konzentrationslager · 123
An Gott · 124
Gott, der schweigt · 125
Im ew'gen Nichts · 126
Blick aus dem Wintergarten · 127
Bei weißen Azaleen · 128
Resümee · 129
Vor dem Einschlafen · 130
Im Gleichgewicht · 131

Teichrose, schneeig weiß,/zartrosa angehaucht,/weiß nichts von dem, der, leis/entatmet, nichts mehr braucht.
Aus: Garten meiner Kindheit, Gedichte (2007).

... Zusammenfassend kann man befinden, daß mit diesen vier Zeilen ein lyrisches Kunstwerk en miniature vorliegt, das höchsten Ansprüchen genügt. Ist es vermessen, diese Verse ob ihrer Qualität in die Nähe von Eichendorffs »Mondnacht« und Goethes »Über allen Gipfeln ist Ruh« zu rücken, ungeachtet des anderthalb bzw. zwei Jahrhunderte zeitlichen Abstands? ... Vorbei ist die Phase der deutschen Literatur, in der Zeilenbrechung, radikale Kleinschreibung und Verzicht auf Interpunktion das Einzige waren, wodurch sich Lyrik von Prosa abzusetzen bemühte. Und ebenso wie die zeitgenössische Musik zur Tonalität zurückgefunden hat, so kehrt die strenge Form – einschließlich des Reims – offenbar zurück in die deutsche Lyrik. Michael Groißmeiers Reimgedichte weisen den Weg ins 21. Jahrhundert.

Ludwig Zehetner